BEI GRIN MACHT SICH IHR WISSEN BEZAHLT

- Wir veröffentlichen Ihre Hausarbeit, Bachelor- und Masterarbeit

- Ihr eigenes eBook und Buch - weltweit in allen wichtigen Shops

- Verdienen Sie an jedem Verkauf

Jetzt bei www.GRIN.com hochladen und kostenlos publizieren

Jan Brennenstuhl

Datenschleudern und Datenfresser

Ursachen, Wirkungen, Ratschläge zu Problemen im Digitalen

GRIN Verlag

Bibliografische Information der Deutschen Nationalbibliothek:

Die Deutsche Bibliothek verzeichnet diese Publikation in der Deutschen National-
bibliografie; detaillierte bibliografische Daten sind im Internet über http://dnb.d-
nb.de/ abrufbar.

Impressum:

Copyright © 2011 GRIN Verlag GmbH
Druck und Bindung: Books on Demand GmbH, Norderstedt Germany
ISBN: 978-3-656-12398-9

Dieses Buch bei GRIN:

http://www.grin.com/de/e-book/188629/datenschleudern-und-datenfresser

GRIN - Your knowledge has value

Der GRIN Verlag publiziert seit 1998 wissenschaftliche Arbeiten von Studenten, Hochschullehrern und anderen Akademikern als eBook und gedrucktes Buch. Die Verlagswebsite www.grin.com ist die ideale Plattform zur Veröffentlichung von Hausarbeiten, Abschlussarbeiten, wissenschaftlichen Aufsätzen, Dissertationen und Fachbüchern.

Besuchen Sie uns im Internet:

http://www.grin.com/

http://www.facebook.com/grincom

http://www.twitter.com/grin_com

UNIVERSITÄT POTSDAM

Ausarbeitung
in der Ring-Veranstaltung
Medienkonsum im Wandel

Datenschleudern und Datenfresser

Ursachen, Wirkungen, Ratschläge
zu Problemen im Digitalen

Jan Brennenstuhl

„Privacy is an illusion."
Lawrence J. Ellison, Gründer und CEO von Oracle Corp. (*1944)

„You have zero privacy anyway, get over it."
Scott McNealy, Gründer und ehem. CEO von Sun Microsystems (*1954)

„If you have something that you don't want anyone to know, maybe you shouldn't be doing it in the first place."
Eric E. Schmidt, ehem. CEO von Google Inc. und Berater von Barack Obama (*1955)

„Your account has been temporarily suspended because it lists a fake date of birth. Providing false information on your account is a violation of Facebook's Statement of Rights and Responsibilities."
Häufige Begründung von Account-Sperrungen durch Facebook

Abstract

Das Internet als Kommunikationsmedium der Zukunft bietet umfangreiche Möglichkeiten, Menschen in direkter Art und Weise zu erreichen, zu beobachten sowie zu manipulieren und hat aus diesem Grund in den letzten Jahren wiederholt Diskurse zur Überarbeitung des allgemeinen Datenschutzes ausgelöst. Ziel dieser Arbeit ist es deshalb, anhand von modernen Werbeverfahren, Ursachen für umfangreich angelegte Datensammlungen zu beschreiben und Auswirkungen dieser auf die Privatsphäre der Internet-Nutzer/innen herauszustellen. Dazu wird im Folgenden betrachtet, inwieweit Daten als Internet-Zahlungsmittel angesehen werden können, sowie der Zusammenhang zwischen extensiver Datensammelei und Identitätsdiebstahl und -missbrauch dargestellt. Erwartet wird, dass die monetären Anreize auf Grundlage sogenannter Cyber-Werbung, sowie das Fehlen international anerkannter Datenschutzrichtlinien eine Gefahr für die Unantastbarkeit des Individuums bedeuten, da die Grenze zwischen informativer Werbung und Manipulation zusehends verschwimmt.

Inhaltsverzeichnis

1 Einleitung

Das Internet als Kommunikationsmedium der Zukunft zieht mit seinen umfangreichen Kommunikations- und Interaktionsmöglichkeiten immer mehr Menschen ins World-Wide-Web. So wird auf Webseiten von Online-Shops, -Auktionshäusern und Blogs, ganz im Sinne des *Web 2.0*, nicht nur diskutiert und bewertet, sondern werden auch Informationen getauscht sowie Ratschläge und Empfehlungen gegeben oder in Social-Networks ganze Freundes- und Bekanntenkreise digital abgebildet. Diese neue, digitale Welt zeichnet sich besonders durch einen stetigen Informationsfluss und -zuwachs, sei es durch bewusst erstellten User-Generated-Content oder durch unbewusst beziehungsweise indirekt verbreitete Informationen beispielsweise zum Surf-Verhalten, aus.

Die Schwelle zur computerisierten Gesellschaft wurde auf diese Weise beiläufig überschritten und eine Digitalgesellschaft etabliert, die eine exponentiell wachsende Menge von Daten erzeugt, die gefiltert, analysiert und ausgewertet werden können. Aus Milliarden Informationfragmenten werden heutzutage Verhaltens- und Nutzerprofile generiert, die tiefe Einblicke in einzelne Personengruppen oder auch ganze Käuferschichten erlauben und deren Handel aus diesem Grund floriert (vgl. Kurz u. Rieger 2011, S.7f).

Vor diesem Hintergrund soll geklärt werden, welche Ursachen und Wirkungen diese neuartige Datensammelwut hat, werden Risiken problematisiert und Ratschläge zur Verringerung der oft ungewollten Freizügigkeit im Internet gegeben. Dazu wird im Folgenden betrachtet, auf welche Art und Weise Daten das Zahlungsmittel des Web sind, welche Interessen hinter der massenhaften Akkumulation von Daten im Internet stecken und auf welchen Ideen moderne Cyber-Werbung beruht. Zudem werden Schutzmaßnahmen zur Wahrung der digitalen Privatsphäre erläutert und mit der sogenannten Post-Privacy-These eine neue Ansicht im Bezug auf den Umgang mit Privatsphäre im Ansatz betrachtet.

2 Cyber-Werbung

Als Ausgangsbasis für weitere Überlegungen zum Thema ist es notwendig, zunächst einige grundlegende Konzepte moderner Anzeigenwerbung im Internet zu betrachten. Im Vordergrund stehen mit Behavioral-Targeting und Reality-Mining dabei zwei nicht unumstrittene Methoden zur Analyse und Verwertung des sogenannten digitalen Fingerabdrucks eines jeden Internetnutzers. Im Folgenden werden nicht nur die Ideen hinter diesen Konzepten erläutert, sondern es werden auch Risiken dargelegt. Die zugrunde liegenden Technologien, Methoden und Funktionen wie beispielsweise Cookies[1] werden dabei bewusst außen vor gelassen um den Rahmen der Ausarbeitung nicht zu sprengen.

Beachtet werden muss bei den nachfolgenden Ausführungen, dass sich digitale Datensammler nicht primär für Datensätze einzelner Menschen interessieren, sondern erst die durch globale Verknüpfungen mit anderen Quellen entstehende Summe aller Daten, Namen und Beziehungen für die Wertschöpfung interessant wird (vgl. Adamek 2011, S.309).

2.1 Digitaler Fingerabdruck

Als digitaler Fingerabdruck, oft auch Digital-Footprint oder Internet-Footprint, wird die Menge sämtlicher digital hinterlassener, individuell zuordenbarer Spuren (Stichwort: Digital-Traces) eines/r Internet-Nutzers/in bezeichnet. Unerheblich dabei ist, durch welches Medium die Datensätze entstanden sind, solange sie akkumuliert oder verknüpft werden können, weshalb moderne digitale Fingerabdrücke, durch Interaktionen mit zum Beispiel Mobiltelefonen, dem World-Wide-Web und Fernsehgeräten gewonnene Informationen und Meta-Informationen vereinen. Besonders die Tatsache, dass zwar persönliche Informationen und häufig auch soziale Kontexte von Nutzer/innen abgebildet werden, diese allerdings mehrheitlich nicht in der Lage sind die entstandenen Datensätze einzusehen oder zu verwalten, zeichnet digitale Fingerabdrücke aus (vgl. Fish 2009, Digital Footprint).

Die als digitaler Fingerabdruck zusammengeführten (Meta-)Information ermöglichen es den Datensammlern/innen die Erstellung von unterschiedlich scharfen Profilen, die sortiert nach beispielsweise Alter, Geschlecht, Aufenthaltsort oder Arbeitgeber Aussagen zum Beispiel über Kaufkraft und mögliche Interessen oder über personenbezogene Verhaltensweisen zulassen. Aus scheinbar harmlosen, kleinteiligen Informationsstücken werden auf diese Weise Verhaltens- und Kaufprofile generiert, deren Genauigkeit mit zunehmender Datendichte steigt (vgl. Kurz u. Rieger 2011, S.7f u. S.48).

---

[1]Die sogenannten Cookies sind Textdateien, die mit diversen Informationen ausgestattet auf Kommando einer Webseite auf der Festplatte des Surfenden abgelegt werden. Sie dienen der eindeutigen Identifizierung eines Nutzers (vgl. Erlhofer 2007, S.138).

2.2 Behavioral-Targeting

Behavioral-Targeting, also das verhaltensbezogene Werben im Internet, nutzt die als digitaler Fingerabdruck verknüpften Daten, um Informationen aus dem Surfverhalten und daraus geschlussfolgerten Meta-Daten zu gewinnen, Nutzer/innenprofile und Verhaltensmuster zu generieren und so zielgerichtet individuell zugeschnittene Online-Werbung zu präsentieren. Ziel der Werbenden ist es dabei Nutzer/innen, durch auf Grundlage des ausgewerteten Surfverhaltens optimierte Webseiten, bewusst zu (Kauf-) Handlungen anzuregen. Die individuelle Ausrichtung der Werbung auf vermeintliche Interessen der Internetnutzer/innen führt dabei zu einer Reduzierung der üblichen Streuverluste[2] und gleichzeitig zu einer ausgedehnten Aufzeichnung des Surfverhaltens[3] der Benutzer (vgl. Quaas u. Rock 2009).

Verhaltensbezogenes Werben im Internet stellt für Werbende somit eine effektive Möglichkeit dar, individualisierte Werbebotschaften mit minimalen Streuverlusten zu verbreiten. Für Nutzer als potentielle Kunden bedeutet Behavioral-Targeting die Gefahr zum "gläsernen Surfer" zu werden. Da mit zunehmender Datendichte Produktempfehlungen nicht wie bisher abstrakt bleiben, sondern hoch präzise und treffsicher werden, verschwimmt darüber hinaus durch diese Art des modernen Marketings die Grenze zwischen Werbung und Manipulation zusehends (vgl. Kurz u. Rieger 2011, S.49).

2.3 Reality-Mining

Als junges Forschungsgebiet untersucht Reality-Mining, mit Hilfe von zum Beispiel Mobiltelefonen, soziale Netzwerke und die Kommunikation innerhalb dieser, mit dem Ziel vorhersagbare soziale Verhaltensweisen zu ermitteln. Dazu werden durch moderne Mobilfunkgeräte erzeugte persönliche Informationen abgegriffen und verknüpft (vgl. Greene 2008a), was das Anlegen von beispielsweise auf Gesprächen, E-Mails, Bewegungsdaten und Web-Benutzung basierenden Profilen erlaubt, die im weiteren Verlauf zur Identifikation von Interessen und Fähigkeiten genutzt werden können (vgl. Pentland 2004).

Besonders interessant ist diese Form des sozialen Data-Mining[4] auch für die Werbeindustrie. Da durch Reality-Mining die oft nicht aktuellen und schwer zu aktualisierenden Daten aus dem Web 2.0 um Muster und Informationen aus dem realen Leben und somit die häufig bereits existenten digitalen Fingerabdrücke um weitere personenbezogene Datensätze ergänzen werden (vgl. Greene 2008b), können Zielgruppen noch genauer bestimmt und somit Streuverluste weiter reduziert werden.

---

[2]Da Werbung, egal in welcher Form, bei Personen die nicht zur Zielgruppe gehören mit höher Wahrscheinlichkeit nicht zum (Kauf-) Erfolg führt, wird das Verbreiten von Werbung an diese Personen als Streuverlust gewertet. Die Höhe der Streuverluste lässt somit direkte Rückschlüsse auf die Güte einer Werbekampagne zu (vgl. Hutter 2009).

[3]Für eine dateenschutzrechtliche Beurteilung von Behavioral-Targeting siehe http://www.vis.bayern.de/daten_medien/datenschutz/behavioraltargeting_datenschutz.htm.

[4]Als Data-Mining wird die (halb-) automatische Auswertung großer Datenmengen, mit dem Ziel der Bestimmung von Regelmäßigkeiten, Gesetzmäßigkeiten und verborgenen Zusammenhängen, bezeichnet, siehe http://www.duden.de/zitieren/10042033/1.5

Reality-Mining stellt somit eine mächtige neue Technologie dar, die durch die steigende Verbreitung moderner Mobilfunkgeräte in naher Zukunft eine immer zentralere Rolle, auch für die Werbeindustrie, spielen wird.

3 Daten im Web 2.0

Soll im Nachfolgenden die Transformation reiner Datensätze zu monetär-verwertbaren Waren erläutert werden, müssen zunächst neue Formen der Datengenerierung im sogenannten Web 2.0 betrachtet werden. Der Begriff Web 2.0 wurde im Jahre 2004 auf einer Konferenz vom O'Reilly Verlag[1] und der MediaLive International als Bezeichnung für das Internet der nächsten Generation geprägt und weltweit als Marketing-Begriff und Buzzwort übernommen. Da keine allgemeingültige Definition existiert, lässt sich Web 2.0 nur über die von Tim O'Reilly benannten Kernprinzipien des neuen Webs sowie über die darauf aufbauenden veränderten Kommunikations- und Verhaltensweisen im World-Wide-Web (WWW) charakterisieren. Als elementarer Bestandteil des Web 2.0 lässt sich allerdings User-Generated-Content identifizieren.

3.1 User-Generated-Content

Das Web 2.0 zeichnet sich insbesondere durch partizipative Umgangsformen, basierend auf kollaborativer Arbeit und transparenten Strukturen aus, infolgedessen das sogenannte Mitmach-Web Nutzerinnen und Nutzer dazu inspiriert, interaktiv und oft durch altruistische Ideale getrieben, eigene Inhalte wie beispielsweise Blog-Beiträge und Wiki-Artikel zu erzeugen oder eigene Fotos und Videos mit Anderen online zu teilen. Dieser User-Generated-Content kann zumeist scheinbar kostenfrei ins Netz gestellt werden und bildet den Rohstoff sämtlicher Foto-Communities[2], Video-Plattformen[3], Social-Networks[4] sowie Blogging-[5] und Mirko-Blogging-Dienste[6].

Besonders die auf Selbstdarstellung und die Vernetzung mit Personen ausgerichteten Social-Networks gelten als Motor des Web 2.0. Da soziale Komponenten im Vordergrund stehen, wird deshalb nicht nur das Abbilden von Kontakten und die bidirektionale Kommunikation mit diesen ermöglicht, sondern auf diese Weise auch das Erzeugen einer virtuellen Identität im Netz erlaubt beziehungsweise gefordert (vgl. Kurz u. Rieger 2011, S.13). Ausgangspunkt dabei ist das eigene „Profil", welches je nach Offenheit des/r jeweiligen Nutzers/in, relevante Daten über sich, Informationen zu Interessen sowie Verknüpfungen zu anderen Nutzern/innen enthält (vgl. Roggenkamp 2010, S.35).

---

[1]O'Reilly ist ein weltweit bekannter Verlag, der Bücher über Computertechnologien für Entwickler, Administratoren und Anwender publiziert, vgl. http://www.oreilly.de/oreilly/about.html.

[2]Bekannte Foto-Communities lassen sich beispielsweise unter http://500px.com, http://www.flickr.com oder http://www.fotocommunity.de finden.

[3]Bekannte Video-Plattformen sind http://www.youtube.com und http://vimeo.com

[4]Erfolgreiche Social-Networks sind http://www.facebook.com und http://plus.google.com

[5]http://wordpress.com, http://www.blogger.com und http://www.tumblr.com gehören zu den bekanntesten Instant-Blogging-Diensten.

[6]Erfolgreichster Vertreter der Mikro-Blogging-Dienste ist http://twitter.com.

3.2 Daten als Zahlungsmittel

Bereits aus marktwirtschaftlicher Sicht wird klar, dass ein auf Umsatz und Gewinn fokusiertes Unternehmen keine kostenfreien Dienste bereitstellt, ohne sich monetäre Vorteile davon zu versprechen. Im Gegensatz zu der häufig propagierten Kostenfreiheit basieren aktuelle Bezahlmodelle im Web 2.0 geprägten Internet häufig auf Informationen über die Nutzer. Diese Daten sind zu einer Art inoffiziellen Währung geworden (vgl. Kurz u. Rieger 2011, S.14ff).

Online-Unternehmen bieten ihren Kunden demnach einen Tausch an. Auf der einen Seite werden Dienstleistungen und Informationen zum großen Teil unentgeltlich oder zu einem ermäßigten (Geld-) Preis zur Verfügung gestellt, auf der anderen Seite bezahlen die Nutzer durch die explizite oder implizite Zustimmung zur kommerziellen Verwertung ihrer personenbezogenen Daten. Als weitestgehend unproblematisch kann dieses Handeln folglich nur so lange eingeschätzt werden, wie das Bezahlsystem transparent ist und den Regeln der Vertragsfreiheit folgt. Weitestgehend deshalb, weil sich, so zeigt die Berichterstattung in der freien Presse, viele Bürgerinnen und Bürger schwer tun mit der Vorstellung das monetär kostenfreie Nutzen von Diensten sei dennoch ein ordentlicher Tauschvorgang mit Leistung und Gegenleistung (vgl. Bökenkamp 2010).

Nachvollziehbar wird die ökonomischen Motivation vieler Internet-Unternehmen und ihrer Finanziers erst vor dem Hintergrund der in Kapitel 2 geschilderten, auf umfangreicher Akkumulation und Verknüpfung von Nutzer/innendaten basierenden Werbeverfahren. Da mit steigender Datendichte immer konkretere Nutzer/innenprofile und Verhaltensmuster generiert und die so gewonnen Informationen mit steigender Genauigkeit zum Beispiel zu höheren Preisen an Werbetreibende weitergegeben werden können, nimmt jedes Informationsstück eines/r Nutzers/in direkten Einfluss auf den Profit eines auf User-Generated-Content spezialisierten Unternehmens. Nutzer/innen Profile, Fotos und die abgebildeten Verknüpfungen von Freunden und Bekannten werden auf diese Weise zu einer ausgepreisten Ware und die Werbeindustrie zum eigentlichen Datenprofiteur. Die häufig als kostenfrei angepriesenen Online-Angebote, neue Features und immer komplexere Webseiten dienen dabei in erster Linie der immer stärkeren Nutzer/innenbindung, somit der Erweiterung des Datenbestandes und folglich der Steigerung des Firmenwertes (vgl. Kurz u. Rieger 2011, S.87).

Die hinter diesem, aus marktwirtschaftlicher Sicht legitimen Tauschgeschäft stehenden, komplexen Mechanismen des Risikokapitals lassen sich beispielsweise an dem von Kurz und Rieger verfassten Beispiel eines jungen Internetunternehmens nachvollziehen (siehe Kurz u. Rieger 2011, S.17-47).

4 Exkurs: Post-Privacy-Theorie

Kern der sogenannten Post-Privacy-Theorie ist die utopische Überlegung, wie eine Gesellschaft aussehen würde, wenn jede/r alles über den/die andere/n wüsste, wenn es keine Geheimnisse und folglich keine Privatsphäre gäbe. Hintergrund ist die Ansicht, dass in Zeiten des Web 2.0, Wikileaks und einer immer stärker wachsenden Datenmenge von digitalisierten, persönlichen Informationen die Grundgedanken des Datenschutz, wie sie sie zum Beispiel das deutsche Recht auf informationelle Selbstbestimmung formuliert, ein Auslaufmodell seien. Post-Privacy-Verfechter/innen[1] sehen den durch die Privatsphäre garantierten Schutzraum des Individuums gleichzeitig als Schutzraum für Intoleranz und führen an, dass grundlegende gesellschaftliche Umbrüche, wie beispielsweise die Erkämpfung der Frauenrechte und die Stärkung der Rechte von Homosexuellen erst möglich wurden, nachdem jeweilige Protagonisten das Private zum Politischen erklärten und auf diese Weise öffentlich Diskurse auslösten. Die Abschaffung von Privatsphäre und Datenschutz führt in den Augen der Post-Privacy-Theoretiker zu einer Offenlegung sämtlicher gesellschaftlicher Probleme und gleichzeitig zu mehr Vielfalt (vgl. Seemann 2010).

Gegner/innen wiederum werfen der Post-Privacy-Theorie nicht nur Naivität vor, sondern verweisen auch darauf, dass die Geschäftsmodelle von Internet-Firmen häufig auf den privaten Daten ihrer Nutzer/innen beruhen (vgl. Zschunke 2011) und dass folglich die Transparenz der Nutzer/innen in keinster Weise zur kompletten Transparenz von Firmen und Staat führen wird, sondern in erster Linie zu einem Mehr an manipulativer, verhaltensbezogener Werbung und Repression. Augenscheinlich wird dies vor dem Hintergrund, dass sich vor allem die Profiteure der Netzökonomie (allen voran marktdominierende Firmen wie Google, Facebook und Oracle) als Propheten einer toten Privatsphäre positioniert haben (vgl. Kurz u. Rieger 2011, S.88f). Weiterhin würde auch gegenseitige Datentransparenz nicht zu der durch Post-Privacy-Theoretiker/innen postulierten Egalisierung der Machtverhältnisse führen, wie Kurz und Rieger an einem einfachen Beispiel verdeutlichen (siehe Kurz u. Rieger 2011, S.110f).

Da die Post-Privacy-Debatte einen aktuellen und umfassenden gesellschaftlichen Diskurs darstellt, kann an dieser Stelle keine abschließende Bewertung vorgenommen werden. Als weiterführenden Lektüre zu empfehlen sind Kommentare von Kai Denker[2], Michael Seemann[3] und Christian Heller[4].

---

[1]Zu den bekanntesten deutschen Post-Privacy-Verfechter/innen gehört die Politikwissenschaftlerin und Mitbegründerin der „datenschutzkritischen Spackeria" Julia Schramm, siehe http://www.spiegel.de/netzwelt/netzpolitik/0,1518,749831,00.html.

[2]http://denker.net/2011/03/10/was-die-spackeria-nicht-versteht/

[3]http://www.ctrl-verlust.net/the-rise-of-spackeria/

[4]http://carta.info/24397/die-ideologie-datenschutz/

5 Digitale Privatsphäre

Als digitale Privatsphäre, oft auch E-Privacy, werden allgemein Datenschutzmaßnahmen im Internet bezeichnet, wobei die Unschärfe des analogen Privatsphäre-Begriffs auf gleiche Weise auch für E-Privacy gilt. Da es keine allgemeingültige Definition davon gibt, welche Informationen im Internet schützenswert sind, was in erster Linie daran liegt, dass Privatsphäre eine individuelle Angelegenheit und Datenschutz im Allgemeinen sehr komplex ist, wird an dieser Stelle auf das in Deutschland geltende Bundesdatenschutzgesetz (BDSG) und das Telemediengesetz (TMG) zur näheren Charakterisierung zurückgegriffen. Diese enthalten mit beispielsweise der Impressumspflicht, der Auskunftspflicht und Unterrichtungspflicht (Datenschutzerklärung) zwar überwiegend nur allgemeine Regeln, fordern allerdings auch konkret die Einwilligung des Nutzers in die Verarbeitung und Übertragung seiner Daten (vgl. Siebert 2011). Folglich liegt der Schutz der digitalen Privatsphäre somit allein bei den Nutzern/innen, die selbstbestimmt und lediglich durch die Internet-Unternehmen unterrichtet, über die (kommerzielle) Freigabe ihrer privaten Daten entscheiden sollen.

Neben der in den vorangegangenen Kapiteln nachgewiesenen monetäre Ursachen für die Datensammelwut der sogenannten Datenschleudern und Datenfresser und die damit zusammenhängende zunehmend manipulative, individuell zugeschnittene Werbung, sollen im Folgenden mit Identitätsdiebstahl und Cyber-Stalking weitere negative Folgen der allgemeinen Datensammelei und des nur unzureichenden datenschutzrechlichen Schutzes beschrieben werden. Betrachtungen zur „Opt-In vs. Opt-Out" Debatte runden dieses Kapitel mit Ratschlägen für ein Mehr an Datenschutz ab.

5.1 Identitätsdiebstahl und -missbrauch

Das verbreitete Anlegen umfangreicher Bestände von persönlichen Daten beispielsweise bei Social-Networks führt direkt zu einer Problematik, die auch aus der analogen Welt bekannt ist: Dort wo viel vorhanden ist, ist für Kriminelle auch viel zu holen. Hinzu kommt, dass es sich bei Internet-Kriminalität um eine globale Angelegenheit handelt, weshalb auch nicht nur das Bundesamt für Sicherheit in der Informationstechnik (BSI) und die deutsche Polizei[1], sondern beispielsweise auch die US-amerikanische Bundesbehörde FBI[2] vor Identitätsdiebstahl und -missbrauch warnen.

Obwohl umgangsprachlich oft synonym verwendet, beziehen sich Identitätsdiebstahl und Identitätsmissbrauch auf zwei verschiedene Stufen krimineller Handlung. Bezeichnet Iden-

---

[1]Polizei und BSI warnen nicht nur vor Identitätsdiebstahl mit Hilfe von Schadsoftware, sondern bezeichnen Identitätsdiebstahl und Identitätsmissbrauch als etablierte kriminelle Betätigungsfelder, siehe http://www.polizei-beratung.de/presse/646-betrueger-setzen-schadsoftware-fuer-datendiebstahl-ein.html.

[2]Konkret warnt das FBI vor betrügerischen Websites im Internet die zum Identitätsdiebstahl eingesetzt werden, siehe http://heise.de/-82547.

titätsdiebstahl das unbefugte Sichverschaffen einer Identität, wird unter Identitätsmissbrauch das unbefugte Agieren unter einer Identität verstanden. Identitätsdiebstahl liegt somit dann vor, wenn ein/e Täter/in sich eine Menge an Daten verschafft, die die betroffene Person eindeutig kennzeichnen, wohingegen Identitätsmissbrauch erst dann auftritt, wenn unter falscher Identität missbräuchliche Handlungen vorgenommen werden (vgl. Borges u. a. 2011, S.9ff). Für den Diebstahl und anschließenden Missbrauch von besonderem Interesse sind für Kriminelle nicht nur Online-Banking-Zugänge, sondern aktuell vermehrt die bei E-Mail-Dienstleistern, Auktions- und Handelsplattformen sowie Social-Network-Plattformen gespeicherte Identitäten (vgl. Klostermeier 2010, S.2), die Angreifer/innen direkt oder indirekt einen Mehrwert verschaffen, indem diese, geschützt durch die fremde Identität, Straftaten begehen können (siehe Adamek 2011, S.262ff).

Beispiele für diese Art der Identitätsdaten sind etwa die Kombination von Name und Kreditkartendaten oder von Name und Anschrift oder von Name und Geburtsdatum. Besonders die letzteren Datensätze werden, neben weiteren persönlichen Daten, häufig und paradoxer Weise um Missbrauch vorzubeugen von Social-Networks wie beispielsweise Facebook als Mindestinformationen verlangt[3] und bieten Identitätsdieben eine nahezu perfekte Ausgangsbasis.

5.2 Cyber-Stalking

Ein weiteres Paradebeispiel für die negativen Folgen extensiver Datensammelei und nur begrenzten datenschutzrechltichen Vorgaben ist das Cyber-Stalking. Cyber-Stalking bezeichnet dabei Stalking[4], das mit Hilfe von technischen Kommunikationsmitteln wie zum Beispiel dem Internet durchgeführt werden kann und dem/der Täter/in ermöglicht, seine Identität zu verschleiern und auf diese Weise anonym zu bleiben (vgl. Rentrop 2006, S.3).

Ähnlich wie beim Identitätsmissbrauch stehen auch beim Cyber-Stalking Social-Networks im Vordergrund der Betrachtung. Aufgrund der Anhäufung privater Informationen, die zudem häufig öffentlich einsehbar sind, wird es für Stalker/innen einfach an vertrauliche Informationen zu gelangen und diese gegen die betroffene Person einzusetzen. Cyber-Stalking reicht dabei von Belästigung, über das Veröffentlichen und Verbreiten manipulierter Fotos, bis hin zu Identitätsdiebstahl und -missbrauch, etwa durch Warenhandel im Namen des Opfers[5].

5.3 Opt-In vs. Opt-Out

Die Begriffe Opt-In[6] und Opt-Out[7] beschreiben zwei konträre Ansätze für den Umgang mit persönlichen Daten im Internet und können auf verschiedenen Ebenen angewandt werden. So fordern auf der einen Seite deutsche Datenschutzgesetze mit der Opt-In-Methode

---

[3]Die Einforderung von Mindestinformation in Social-Networks wird häufig auch als Klarnamenpolitik bezeichnet, siehe http://www.zeit.de/digital/datenschutz/2010-12/geburtsdatum-facebook.

[4]Für weiterführende Information zum Thema Stalking siehe http://www.stalkingforschung.de.

[5]Für weitere Erscheinungsformen sowie weiterführende Informationen, siehe auch http://www.computerbetrug.de/sicherheit-im-internet/cyber-stalking-psychoterror-per-internet/.

[6]englische Abkürzung für „sich für etwas entscheiden" beziehungsweise „bestellen"

[7]englische Abkürzung für „nicht mitmachen" beziehungsweise „abbestellen"

im Bezug auf die (kommerzielle) Weiterverwendung privater Daten die aktive Zustimmung der Nutzer/innen, während auf der anderen Seite, beispielsweise bei Social-Networks wie Facebook, den Betreiber/innen nicht nur weitreichende Verwertungsrechte ohne zusätzlich nötige Zustimmung zugesprochen werden (vgl. Adamek 2011, S.88-95) sondern auch zunächst sämtliche persönlichen Informationen öffentlich einsehbar sind und dies erst durch Nutzer/innen einzeln (und nur wenn überhaupt möglich) an die eigenen Bedürfnisse angepasst werden muss (vgl. Schleider 2009).

Der negative Beigeschmack von Opt-Out-Mechanismen liegt folglich darin, dass Unternehmen durch diese häufig versuchen, die Unwissenheit vieler Nutzer/innen für eigene (kommerzielle) Zwecke auszunutzen, weshalb Opt-Out zunehmend in die Kritik gerät (vgl. Stross 2011). Dennoch stellt auch Opt-In keine endgültig zufriedenstellende Lösung der Zustimmungsproblematik dar, da diese ausschließlich absolute Entscheidungen erlaubt: Entweder ja, Informationen dürfen zum Beispiel für Werbeaktionen weitergegeben werden oder nein. Viel interessanter wäre an dieser Stelle jedoch eine Art einschränkendes Opt-In, das es Nutzer/innen erlaubt folgende Aussage zu treffen: Ja, ich möchte, dass meine Daten zu Werbezwecken weitergegeben werden, allerdings möchte ich Werbung nur für genau ein zu bestimmendes Produkt und auch nur per E-Mail und auch höchstens zwei Mal pro Monat zugesendet bekommen (vgl. Rogers 2002).

Solange eine solche Möglichkeit nicht existiert und es keine international gültigen Datenschutzrichtlinien gibt, die ähnlich den zum Beispiel in Deutschland geltenden Vorgaben die Verwendung von Opt-In-Methoden fordern, kann an dieser Stelle Nutzer/innen nur empfohlen werden, sich nach dem Studium der jeweiligen Datenschutzbestimmungen bewusst für das Interagieren mit einem Internet-Unternehmen zu entscheiden und sämtliche Opt-Out-Einstellungen mit den eigenen Vorstellungen abzugleichen. Weiterhin zu empfehlen ist die Verwendung von Browser-Erweiterungen, die das automatische Akzeptieren von Cookies in einen Opt-In-Vorgang verkehren, somit die Aufzeichnung des Surf-Verhaltens unterbinden und auf diese Weise Behavioral-Targeting erschweren können.

6 Fazit

Wie in den vorangegangenen Kapiteln gezeigt werden konnte, sind es die monetären Anreize der sogenannten Cyber-Werbung, die Internet-Firmen häufig zur extensiven Sammlung von Nutzer/innen-Daten bewegen und so, vor dem Hintergrund zusehends verschwimmender Grenzen zwischen Werbung und Manipulation sowie in Anbetracht von Identitätsdiebstahl und -missbrach, neue Gefahren für die Privatsphäre der Internet-Nutzer/innen bedeuten. Fehlende international anerkannte datenschutzrechtliche Standards verstärken diese Bedrohungen.

Aus diesem Grund wird an dieser Stelle keine abschließende Bewertung vorgenommen, sondern einige Vorschläge, die zusammen die aktuell datenschutzrechtlich kritische Situation im Internet verbessern können, beschrieben:

Erstens bleibt festzuhalten, dass das Tauschgeschäft private Daten gegen Dienstleistungen nur deshalb funktioniert, weil die Mehrzahl der Nutzer/innen nicht bereit sind, für etwas Geld zu bezahlen, das einen Klick weiter scheinbar kostenfrei angeboten wird. Umdenken und ein Mehr an Medienkompetenz seitens der Nutzer/innen könnten hier entscheidende Faktoren sein, um Unternehmen zu neuen Geschäftsmodellen zu bewegen.

Weiterhin sind nationale Gesetze oder Beschlüsse denkbar ungeeignet, private wie auch geschäftliche Nutzer/innen des globalen Internets mit Rechten und Pflichten auszustatten. Ein international anerkanntes Gremium, das spezialisiert auf Datenschutz im Internet sich globalen Regelungen oder Leitlinien annimmt, könnte zu einem besseren Schutz der Nutzer/innen beitragen.

Solange keine grundlegenden Überarbeitungen der Geschäftsmodelle oder internationale Datenschutzbestimmungen vorliegen, ist es in der Hand der Nutzer/innen, Handlungen im Internet mit den eigenen Vorstellungen von Privatsphäre bewusst abzugleichen, durch Interessenvertretungen auf Defizite hinzuweisen oder beispielsweise durch zusätzliche Browser-Erweiterungen oder Anonymisierungswerkzeuge die aktuellen Geschäftsmodelle der Unternehmen zu boykottieren. Letztendlich sind es die Nutzer/innen, die über Erfolg oder Misserfolg eines Unternehmens entscheiden

Literaturverzeichnis

Adamek 2011
ADAMEK, Sascha: *Die Facebook-Falle – Wie das soziale Netzwerk unser Leben verkauft.*
Heyne, 2011

Borges u. a. 2011
BORGES, Georg ; SCHWENK, Jörg ; STUCKENBERG, Carl-Friedrich ; WEGENER, Christoph: *Identitätsdiebstahl und Identitätsmissbrauch im Internet – Rechtliche und technische Aspekte.* Springer, 2011

Erlhofer 2007
ERLHOFER, Sebastian: *Suchmaschinen-Optimierung – Für Webentwickler.* Galileo Press, 2007

Kurz u. Rieger 2011
KURZ, Constanze ; RIEGER, Frank: *Die Datenfresser – Wie Internetfirmen und Staat sich unsere persönlichen Daten einverleiben und wie wir die Kontrolle darüber zurück erlangen.* S.Fischer Verlag, 2011

Roggenkamp 2010
ROGGENKAMP, Dr. Jan D.: *Web 2.0 Plattformen im kommunalen E-Government – Telos, Beschaffung, Modellierung, Betrieb und Wettbewerb.* Richard Boorberg, 2010

Web-Quellenverzeichnis

Bökenkamp 2010

BÖKENKAMP, Gérard ; MAGAZIN ef (Hrsg.): *Daten als private Parallelwährung: Weder Wohltäter noch Datenkraken – Über das Geschäftsmodell von Google, Facebook, Amazon und Co.* Version: August 2010. http://ef-magazin.de/2010/08/22/ 2451-daten-als-private-parallelwaehrung-weder-wohltaeter-noch-datenkraken, Abruf: 07. August 2011. Als Online-Artikel veröffentlicht.

Fish 2009

FISH, Tony ; FUTURETEXT (Hrsg.): *My Digital Footprint – A Two-Sided Digital Business Model Where Your Privacy Will Be Someone Else's Business!* Version: August 2009. http://www.mydigitalfootprint.com/footprint-cms/Cover.html, Abruf: 12. August 2011. Auch als Online-Buch veröffentlicht.

Greene 2008a

GREENE, Kate ; REVIEW, Technology (Hrsg.): *TR10: Reality Mining.* Version: April 2008. http://www.technologyreview.com/communications/20247/page1/, Abruf: 16. August 2011. Als Online-Artikel veröffentlicht.

Greene 2008b

GREENE, Kate ; REVIEW, Technology (Hrsg.): *Was das Handy von uns weiß.* Version: Januar 2008. http://heise.de/-274798, Abruf: 16. August 2011. Als Online-Artikel veröffentlicht.

Hutter 2009

HUTTER, Sabine ; GRÜNDERLEXIKON, Clever C. (Hrsg.): *Streuverluste in der Werbung.* Version: Juli 2009. http://www.gruenderlexikon.de/magazin/ streuverluste-in-der-werbung, Abruf: 16. August 2011. Als Online-Artikel veröffentlicht.

Klostermeier 2010

KLOSTERMEIER, Johannes ; MEDIA, IDG B. (Hrsg.): *Die Gefahren durch Identitätsmissbrauch im Web.* Version: Juni 2010. http://www.cio.de/public-ict/ datenschutz/2237408/, Abruf: 20. August 2011. Als Online-Artikel veröffentlicht.

Pentland 2004

PENTLAND, Alex ; REVIEW, Technology (Hrsg.): *Data Mining in der echten Welt.* Version: April 2004. http://heise.de/-276893, Abruf: 16. August 2011. Als Online-Artikel veröffentlicht.

Quaas u. Rock 2009

QUAAS, Dr. S. ; ROCK, Erika ; VERBRAUCHERSCHUTZ, Bayerisches S. f. (Hrsg.): *Behavioral Targeting.* Version: Juli 2009. http://www.vis.bayern.de/daten_medien/

datenschutz/behavioraltargeting.htm, Abruf: 16. August 2011. Als Online-Artikel veröffentlicht.

Rentrop 2006
RENTROP, Christian ; FACTORY, H2 media (Hrsg.): *Cyberstalking: Wenn Stalker das Netz missbrauchen.* Version: April 2006. http://www.netzwelt.de/news/74019-cyberstalking-stalker-netz-missbrauchen.html, Abruf: 20. August 2011. Als Online-Artikel veröffentlicht.

Rogers 2002
ROGERS, Martha ; VENTURES, Mansueto (Hrsg.): *Solving the Opt-in/Opt-out Debate.* Version: Oktober 2002. http://www.inc.com/articles/2002/10/24718.html, Abruf: 22. August 2011. Als Online-Artikel veröffentlicht.

Schleider 2009
SCHLEIDER, Thomas ; MEDIA, Computec (Hrsg.): *Facebook ändert seine Privatsphären-Voreinstellungen auf Opt-out-Modell.* Version: Dezember 2009. http://www.pcgameshardware.de/aid,701180/Facebook-aendert-seine-Privatsphaeren-Voreinstellungen-auf-Opt-out-Modell/Internet/News/, Abruf: 22. August 2011. Als Online-Artikel veröffentlicht.

Seemann 2010
SEEMANN, Michael ; ZDF (Hrsg.): *Postprivacy: Verlust der Privatsphäre als Chance?* Version: November 2010. http://blog.zdf.de/hyperland/2010/11/postprivacy_verlust_der_privat/, Abruf: 17. August 2011. Als Online-Artikel veröffentlicht.

Siebert 2011
SIEBERT, Sören: *Datenschutz im Internet.* Version: 2011. http://www.e-recht24.de/artikel/datenschutz/16.html, Abruf: 18. August 2011. Als Online-Artikel veröffentlicht.

Stross 2011
STROSS, Randall ; TIMES, The New Y. (Hrsg.): *Opt-In Rules Are a Good Start.* Version: April 2011. http://www.nytimes.com/2011/05/01/business/01digi.html, Abruf: 22. August 2011. Als Online-Artikel veröffentlicht.

Zschunke 2011
ZSCHUNKE, Peter ; DPA (Hrsg.): *Ist Privatsphäre noch zeitgemäß?* Version: März 2011. http://www.stern.de/digital/online/post-privacy-debatte-ist-privatsphaere-noch-zeitgemaess-1667312.html, Abruf: 18. August 2011. Als Online-Artikel veröffentlicht.

Glossar